멋진 선인장밭을
만들 거야!

나의 첫 환경책 5

# 내 똥이 선인장이 된다고?

신비로운 화산섬에 사는 갈라파고스땅거북

이지유 글 | 박재현 그림

휴먼 어린이

안녕? 내 이름은 조지,
갈라파고스땅거북이야.
나는 여러 섬으로 이루어진 갈라파고스에 살아.
여기에서는 어딜 가든 수평선을 볼 수 있고,
불을 뿜는 멋진 화산이 있어.
노란 꽃이 피는 아주 맛있는 선인장도 있지.

"안녕, 조지. 잘 잤니?"

"안녕, 조나단. 너도 잘 잤어?"

조나단은 갈매기인데, 이곳저곳 기웃거리며 이야기를 모아.

게다가 말하는 걸 좋아해서 잠시도 가만있지 않지.

나는 조나단 덕분에 온 세상 이야기를 다 알 수 있어.

"조지, 나는 장례식에 다녀오는 길이야.
이웃 섬에 사는 땅거북이 더위와 굶주림으로 죽었어.
요즘 날씨가 더워지고, 비가 오지 않아서 걱정이야.
노란 꽃이 피는 선인장조차 말라 죽고 말이야.
그래서 어린 거북이 굶어 죽었대."
조나단은 걱정스러운 눈으로 나를 쳐다보며 쉬지 않고 말했어.

조나단과 헤어진 뒤 나는 깊은 생각에 잠겼어.
노란 꽃 선인장이 말라 죽다니,
이웃 섬에선 무슨 일이 벌어지고 있는 걸까?
그러고 보니 작년에 산비탈에 있는 선인장이 모두 시들어 죽었어.
햇빛이 잘 들어서 내가 아주 좋아하는 곳이었는데,
비가 안 오니 땅이 너무 뜨거워져서 선인장이 말라 죽은 거지.

이러다 우리 섬에 있는 선인장도 다 말라 죽는 거 아니야?
그럼 여기 사는 땅거북들도 굶어 죽을지 몰라.
나는 갑자기 겁이 나서 잠이 오질 않았어.
밤새도록 어떻게 하면 그걸 막을 수 있을까 고민했지.

날이 밝자 나는 가이아 할머니를 만나러 갔어.

가이아 할머니는 우리 섬에서 가장 현명한 땅거북이야.

할머니는 아무도 나이를 모를 만큼 오래 살았대.

나는 할머니에게 내 걱정과 생각을 털어놓았어.

할머니는 내 이야기를 다 듣고는 빙그레 웃었어.

"네가 생각한 대로 하렴. 우리는 너를 따르마!"

내 생각이 뭔지 궁금하지?
그건 바로 우리 섬에 선인장 농사를 짓는 거야.
아무 데서나 선인장이 나기를 기다리지 말고,
원하는 곳에 선인장을 심어서 잘 가꾸는 거지.
정말 멋진 생각이야!

나는 땅거북들을 불러 모아 내 계획을 발표했어.
"선인장 농사를 짓는 방법은 간단해요.
바로 똥을 잘 누어야 합니다!"
내 말을 듣고는 모두 깔깔깔 웃었어.
선인장 농사와 똥이 무슨 상관이냐며 비웃었지.
세상에, 몰라도 이렇게 모를 수가!

똥을 누는 일은 농사의 시작이야.
우리가 싸는 똥에는 선인장의 씨앗이 들어 있거든.
땅거북은 선인장 열매를 먹고,
선인장 열매에는 씨가 들어 있잖아.
씨는 아주 단단한 껍질로 싸여 있어서 소화가 되지 않아.
그래서 장을 지나 똥과 함께 밖으로 나오는 거지.
온도와 습도가 적당하면 씨앗은 싹을 틔워.
똥이 아주 좋은 양분이 되고 말이야.

똥을 싼 곳에 선인장이 싹튼다는 걸 나도 처음부터 알았던 건 아니야.
어렸을 때 나는 한곳에만 똥을 누는 습관이 있었어.
10년이 지나고 보니까 내가 똥을 싼 곳에만 유난히 선인장이 많더라고.
왜 하필 내 화장실 근처에만 선인장이 많은 걸까?
친구들은 별 이상한 생각을 한다고 구박했지만 나는 정말 궁금했어.

그래서 나는 화장실을 옮겨서 실험을 해 봤지.
똥 누는 장소를 100걸음쯤 떨어진 곳으로 정하고,
그곳에 1년 내내 똥을 누었어.
그랬더니 몇 년 후에 무슨 일이 생긴 줄 알아?
바로 거기에 선인장이 자라서 또 꽃이 피더라고!
그때 나는 알게 되었어.
이 섬을 선인장으로 가득 채울 수 있다는 사실을.
선인장이 자랄 곳을 내 마음대로 정할 수 있다는 사실도!

"우아, 그런 줄 몰랐어!"
내 설명을 듣고 나자 모두들 놀라워했어.
그때 갑자기 호르헤가 나에게 물었어.
"똥은 누고 싶을 때 누어야 하는데, 잘 참을 수 있을까?
선인장이 부족한 것도 아닌데 꼭 그래야 해?"

가만히 듣고 있던 가이아 할머니가 말했어.
"나는 300년 이상 살았어요. 내가 태어날 때만 해도
우리 섬에 물이 솟는 샘이 100개가 있었는데,
지난 50년 동안 50개로 줄었어요. 그만큼 지하수가 줄었다는 뜻이죠.
물이 줄면 아무리 선인장이라도 살 수 없어요.
선인장이 없으면 우리도 살 수 없지요.
그러니 좀 어렵더라도 조지의 계획에 함께합시다."
호르헤는 마지못해 고개를 끄덕였어.

사실 나에게는 더 큰 계획이 있어.
농사를 지을 때 밭이 멋있으면 좋잖아.
선인장밭을 커다란 둥근 원 모양으로 만들 거야.
왜 하필 둥근 밭이냐고?
그건 말이야, 아름다운 건 다 둥근 모양이거든.

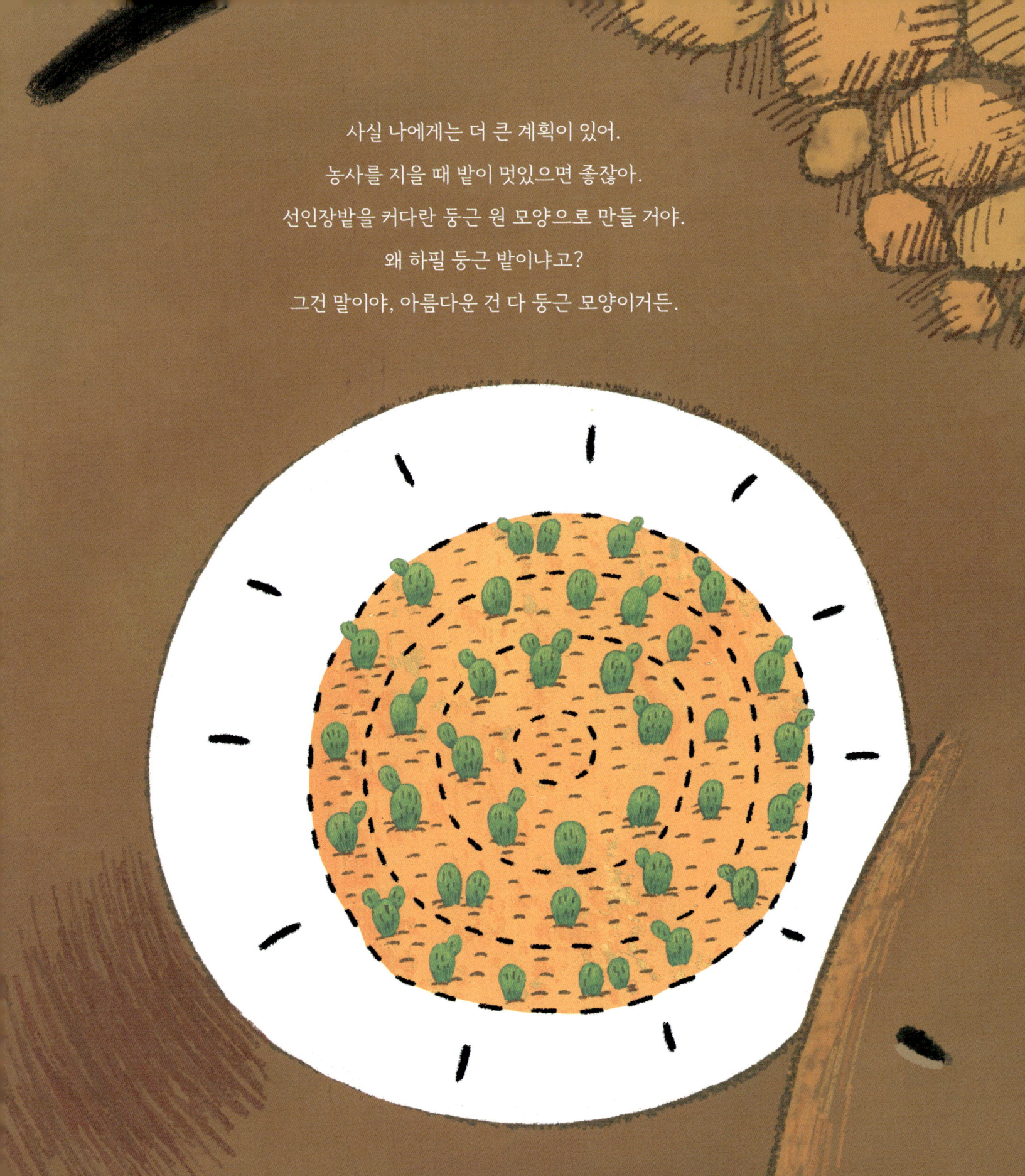

달은 여러 가지 모양이 있지만,
한 달에 한 번 뜨는 둥근달이 가장 아름다워.
매일 뜨고 지는 해도 둥글지.
동물의 눈동자도 동그래.
달, 해, 눈처럼 세상에서 아름다운 것들은 모두 원이야.
그러니까 선인장밭도 원 모양이면 훨씬 아름답겠지?

나는 거북들에게 어디에 똥을 누어야 하는지 설명했어.
똥을 한 번 누고 나면 그곳을 중심으로
같은 거리만큼 떨어진 곳에 똥을 누어야 해.
호르헤는 너무 복잡하다고 머리를 저었어.

나는 화산 서쪽을 돌아다니며 똥을 싸는 장소를 표시했어.
우리 섬에 사는 땅거북은 이제 정해진 곳에서만 똥을 누기로 했지.
선인장밭을 잘 만든다면 아무리 더워지고 지하수가 부족해도
땅거북이 굶어 죽는 일은 없을 거야!

시간이 흐르면서 선인장에 싹이 나고 조금씩 자랐어.
우아, 이 멋진 선인장밭을 봐!
정말 완벽해.

그런데 또 누가 아무 데나 똥을 쌌잖아!

나는 둥근 원 바깥에 나와 있는 똥을 치웠어.

아무도 신경 쓰지 않지만 완벽한 원 모양을 만들려면 어쩔 수 없어.

사실 똥을 치울 때 화가 좀 나긴 해.

똥만 정해진 곳에 누면 되는데, 그것도 못한단 말이야?

"안녕, 조지."

"안녕, 핀치."

핀치는 작은 핀치새야.

부리가 뾰족하고 몸집이 작지만 아주 빠르게 하늘을 날지.

그리고 내 몸에 붙은 기생충을 잡아먹어.

나는 기생충을 없애서 좋고,

핀치는 먹을 게 있어서 좋고,

우리는 서로 도우며 사는 친구야.

"조지, 요즘 친구들과 함께 선인장밭을 만든다며?
이제 곧 있으면 선인장을 먹으러 화산 동쪽까지 가지 않아도 되겠구나."
나는 기분이 좋아서 핀치가 잘 드나들 수 있도록
목을 주욱 빼고 네 다리에 힘을 주어 몸을 들어 올렸어.

"그런데 다른 땅거북들은 똥을 꼭 정한 자리에 누는 게 불만인가 봐.
거북은 느리니까 똥이 마려워도 똥 누는 곳에 갈 때까지 참는 게 힘들대.
게다가 선인장 씨가 자라서 먹을 수 있을 정도로 크려면 오래 걸린다지?"
핀치는 잠시 뜸을 들이고 말을 이었어.
"그래서 그냥 이미 자란 선인장을 찾아 먹는 게 낫겠다고들 하더라고."
뭐라고? 그 말을 듣고 몸이 쿵 내려앉는 바람에
하마터면 핀치가 바닥에 깔릴 뻔했어.

나는 너무나 실망했어.

다들 왜 선인장밭을 만들어야 하는지 아직도 모르는 거야?

선인장을 편하게 먹으려고 밭을 만드는 게 아니라,

선인장이 부족해질 때를 대비하는 거라고!

선인장이 자라는 데 오래 걸리니까 미리 기르자는 거잖아.

내 계획에 사사건건 시비를 걸던 호르헤가 떠올랐어.

얼른 호르헤를 찾아가서 따져야겠어.

호르헤와 친구들은 화산의 동쪽, 선인장이 무리 지어 자라는 곳에서
느긋하게 선인장을 먹고 있었어.
이곳은 햇빛이 잘 들고 화산재가 내려앉아 흙에 양분이 많아.
일부러 돌보지 않아도 선인장이 잘 자라는 곳이지.
나는 호르헤에게 말했어.
"호르헤, 언제 식량이 부족해질지 모르니까 선인장밭을 만드는 거야."
"조지, 여기 좀 봐! 이렇게 선인장이 많은데 왜 힘들게 일을 해?"

그때였어.
화산에서 큰 소리가 났어.

쿠쿠궁, 우르르르, 쿠쿵.

며칠 전부터 연기를 뿜던 화산이 드디어 폭발했어.
분화구 동쪽에 무너져 내린 틈으로 용암이 쿨럭쿨럭 죽처럼 흘러나왔어.
선인장이 무리 지어 자라는 바로 그곳으로 말이야.

땅거북들은 허둥대며 어찌할 바를 몰랐어.
그때 호르헤가 소리쳤어.
"모두 정신 차려!
조지가 가꾸는 선인장밭 쪽으로 가자.
서쪽이 좀 더 높으니까 용암이 흘러들지 않을 거야."
호르헤와 나는 눈이 마주쳤어.
나는 눈에 힘을 주고 얼른 가자는 뜻을 보냈어.

선인장 사이를 날며 꿀을 빨던 벌새와
땅거북과 놀던 핀치새가 먼저 서쪽으로 날아갔어.
우리는 느리지만 큰 걸음으로 동쪽 선인장밭을 벗어났어.

다행히 용암이 천천히 흘러내려서 아무도 다치지 않았어.
우리는 붉게 타오르는 용암을 뒤로하고 부지런히 기어서
아직 키가 작은 서쪽 선인장밭에 들어섰어.

뒤를 돌아보니 동쪽에 있는 선인장들이 불타고 있었어.
우리 섬에 이런 일이 벌어지다니.
섬에 있는 선인장이 반이나 사라져 버렸어.
더운 날씨와 가뭄만 걱정했는데, 화산 폭발이 일어난 거야.
맞아, 생각해 보니 우리 섬은 화산 폭발로 생겨난 섬이지!

가이아 할머니가 말했어.

"어제 동쪽 선인장이 전부 사라졌어요.
서쪽 선인장밭을 가꾸길 얼마나 잘했는지 몰라요.
섬에 먹을 것이 줄었지만, 조금씩 나누어 먹으며
견디다 보면 선인장은 다시 자랄 거예요."

할머니는 섬의 북쪽과 남쪽에 남아 있는 선인장을 모두 알고 있었어.
우리는 할머니의 말대로 선인장에 번호를 붙였지.
남은 선인장을 차례로 돌며 모두 공평하게 조금씩 나누어 먹기로 했어.

그런데 몇몇 땅거북은 덩치가 큰 거북이
선인장을 더 먹어야 하는 것 아니냐고 따져 물었어.
그러자 호르헤가 나섰어.
"움직임을 적게 하면 조금 먹어도 살 수 있어요.
거북은 원래 그런 거예요.
하지만 어린 거북은 성장해야 하니
충분히 먹어야 해요.
그러니 덩치가 큰 거북이 아니라,
어린 거북이 더 먹어야죠!"

호르헤 멋지다!
호르헤에 대한 미움이 싹 사라졌어.

화산 폭발이 일어난 이후로 오랜 시간이 흘렀어.
그 사이 서쪽에 있던 선인장이 자라서
이제 모두가 충분히 먹을 수 있었지.
요즘 나는 호르헤와 함께 새로운 장소에 선인장밭을 만들고 있어.
지난번에 용암이 지나갔던 바로 그 옆이야.
선인장밭을 만드는 방법은 아주 간단해.
그곳에 똥을 누는 거야.

이번에는 똥을 누는 장소를 따로 정하지 않고,
아주 넓은 구역 안에서 마음대로 똥을 누기로 했어.
친구들 말대로 똥이 마려운데 참는 건 힘들거든.
호르헤는 화산 분화구를 조금씩 헐어서
용암이 선인장밭을 덮치지 않고 다른 쪽으로 흐르게 만들었어.
용암이 흘러가는 길 양쪽에는 돌을 쌓아 단단히 대비했지.

생각해 보니 선인장밭을 꼭 원 모양으로 만들 필요는 없어.
선인장이 잘 자랄 수 있는 환경을 가꾸는 게 더 중요해.
선인장이 자라면 우리 땅거북이 열매와 꽃을 먹고 씨를 퍼트려.
선인장과 땅거북은 서로 도우며 살아가는 거야.

앞으로 또 어떤 시련이 닥칠지 몰라.
화산이 다시 폭발할 수도 있고, 요즘에는 우리 섬이
바다에 잠길지 모른다는 소문도 들려오고 있거든.
하지만 모두가 힘을 합치면 무엇이든 이겨 낼 수 있어.
우리가 함께 선인장밭을 만든 것처럼 말이야!

## 가장 커다란 육지 거북
# 갈라파고스땅거북

**나의 첫 동물 탐구**

| | |
|---|---|
| 동물 이름 | 갈라파고스땅거북 |
| 크기 | 몸길이 1.4~1.8미터, 몸무게 400킬로그램 |
| 먹이 | 선인장, 열매, 이끼, 풀 |
| 분포 지역 | 갈라파고스 제도 |
| 서식 장소 | 육지 |

**1**
갈라파고스땅거북은 오래 사는 척추동물로 잘 알려져 있어요. 1835년에 찰스 다윈이 표본으로 수집한 갈라파고스땅거북이 호주의 동물원에서 살다가 2006년에 죽었는데, 그때 나이가 176살이었다고 해요.

**2**
갈라파고스땅거북은 먹이와 물을 먹지 않고도 1년 동안 버틸 수 있어요. 건조한 지역에 사는 동물이라 환경에 매우 잘 적응한 것이죠.

**3**
갈라파고스땅거북은 하루에 16시간이나 자요. 하지만 겨울잠을 자지는 않습니다. 갈라파고스는 1년 내내 따뜻해서 그럴 필요가 없지요.

갈라파고스땅거북

**4**
갈라파고스땅거북은 물에서 헤엄치지 않아요. 이름에 '땅'이 붙은 이유이기도 하지요. 그런데 아주 이상한 점이 있어요. 이들의 유전자를 분석했더니 조상이 남아메리카에 있는 거예요. 이들의 조상은 그 먼바다를 어떻게 이동해 태평양 한가운데 있는 섬에 도착했을까요?

## 9

거북의 등딱지는 척추의 일부예요.
그래서 만화에 나오는 것처럼 등딱지를 분리할 수 없어요. 만약 강제로 등딱지를 분리하면 거북은 죽고 말아요.

## 8

암컷 갈라파고스땅거북은 뒷다리로 구멍을 파고 오줌을 누어 보호막을 만든 뒤 알을 낳아요.
알은 4~5개월 뒤에 부화하는데, 주변의 온도에 따라 알에서 태어날 새끼의 성별이 결정돼요.
주변의 온도가 낮으면 수컷이,
온도가 높으면 암컷이 더 많이 태어나요.

목을 쳐들고 있는 갈라파고스땅거북

## 7

갈라파고스땅거북은 웬만해선
소리를 내지 않아요.
주로 몸짓으로 소통하지요.
싸울 때는 마주 보고 서로 노려본 뒤 목을
높이 쳐들어요. 목을 더 높이 쳐든 거북이가 승리!

## 5

갈라파고스는 '안장'이라는 뜻이에요.
사람들은 보통 갈라파고스가 섬의 이름이고, 섬의 이름을 따서 갈라파고스땅거북이 되었다고 생각하지만 그 반대예요. 등딱지가 안장을 닮은 거북이 사는 곳이라고 해서 섬의 이름을 갈라파고스라고 지었대요.

## 6

갈라파고스땅거북은 이빨이 없어요.
대신 입술 끝의 돌기로 식물을 뜯어 먹을 수 있지요. 물론 이들은 초식 동물이에요.

# 독특한 고유종이 서식하는 갈라파고스 제도

갈라파고스 제도는 남아메리카의 에콰도르 해안에서 약 960킬로미터 떨어진 태평양 한가운데에 있어요. 여러 개의 섬으로 이루어진 갈라파고스 제도는 바다 아래에서 솟아난 화산 폭발로 생겨났지요. 지금도 활동하는 화산이 십여 개나 있어요. 갈라파고스를 처음 발견한 사람은 스페인 사람이었지만, 이곳을 방문해서 가장 유명해진 사람은 영국의 생물학자 찰스 다윈이에요. 1835년에 다윈은 이 섬에 5주간 머무르며 다양한 생물의 표본을 수집하고, 섬마다 핀치새의 부리 모양이 다른 것을 보고 진화에 대해 생각하게 되었지요. 갈라파고스는 워낙 척박해서 사람이 살지 않았지만, 1960년대 이후 관광업이 발전하면서 에콰도르 사람들이 이주하기 시작했어요. 현재는 주로 산타크루스섬, 산크리스토발섬, 이사벨라섬에 약 3만 명이 넘는 사람이 살고 있어요.

화산섬과 수많은 암초로 이루어진 갈라파고스 제도

갈라파고스 제도에서만 발견되는 바다이구아나는 지구상에서 유일하게
바다를 헤엄치는 이구아나예요. 꼬리는 옆으로 납작해 물을 젓기 쉽고,
발가락 끝에는 긴 발톱이 있어 미끄러운 바위에도 잘 붙어 있을 수 있지요.
머리에 뿔이 있어 험상궂어 보이지만 해초만 먹고 사는 초식 동물이에요.
갈라파고스의 명물은 세 종류의 부비새예요.
우리에게 가장 잘 알려진 푸른발부비는 짝짓기를 할 때 재미난 몸동작을 하지요.
붉은발부비는 세 종류 중 몸집이 가장 작아요. 몸집이 가장 큰 나스카부비는
눈부신 하얀 깃털에 날개와 꼬리 끝은 검은색이라 아주 쉽게 구분할 수 있지요.
갈라파고스에서 가장 유명한 동물은 역시 갈라파고스땅거북이에요.
이들은 먹이와 물을 먹지 않고도 1년이나 견딜 수 있지만,
이 때문에 멸종 위기에 놓였어요. 수백 년 전에 선원들은 먹이를 주지 않아도
오랫동안 살아 있는 땅거북을 배에 싣고 가다 배가 고프면 잡아먹었거든요.
이런 이유로 갈라파고스땅거북뿐 아니라 다른 종의 거북도 멸종 위기에 처했어요.

**바다이구아나와 푸른발부비**

**돌 위에 서 있는 나스카부비**

## 글 이지유

서울대학교에서 지구과학교육과 천문학을 공부했습니다. 어린이와 청소년을 위한 과학 글을 쓰고 좋은 책을 찾아 우리말로 옮기는 일을 합니다. 지은 책으로 《우주가 보이는 우주책》, 《용감한 과학자들의 지구 언박싱》, 《집요한 과학자들의 우주 언박싱》, 《식량이 문제야!》, 《내 이름은 파리지옥》, 《별똥별 아줌마가 들려주는 과학 이야기》 시리즈 등이 있고, 옮긴 책으로는 《모두 충전하는 사이에》, 《꿀벌 아피스의 놀라운 35일》 등이 있습니다.

## 그림 박재현

시각디자인을 전공하고 그래픽 디자이너로 활동했으며, 지금은 어린이 책에 그림을 그리고 있습니다. 대한산업미술가협회상, 서울일러스트레이터협회상 등을 수상했습니다. 그린 책으로 《세계를 휩쓴 전쟁 세계 대전》, 《투발루에게 수영을 가르칠 걸 그랬어!》, 《꼬물꼬물 세균대왕 미생물이 지구를 지켜요》, 《오! 영재와 수재》, 《510원의 매굴매굴 동물원 탐험》 등이 있습니다.

---

나의 첫 환경책 5 — 내 똥이 선인장이 된다고?

1판 1쇄 발행일 2025년 8월 25일

**글** 이지유 | **그림** 박재현 | **발행인** 김학원 | **편집** 박현혜 | **디자인** 박인규
**저자·독자 서비스** humanist@humanistbooks.com | **용지** 화인페이퍼 | **인쇄** 삼조인쇄 | **제본** 제이앤플러스
**발행처** 휴먼어린이 | **출판등록** 제313-2006-000161호(2006년 7월 31일) | **주소** (03991) 서울시 마포구 동교로23길 76(연남동)
**전화** 02-335-4422 | **팩스** 02-334-3427 | **홈페이지** www.humanistbooks.com

글 ⓒ 이지유, 2025  그림 ⓒ 박재현, 2025
ISBN 978-89-6591-638-3 74400
ISBN 978-89-6591-597-3 74400(세트)

- 이 책은 저작권법에 따라 보호받는 저작물이므로 무단 전재와 무단 복제를 금합니다.
- 이 책의 전부 또는 일부를 이용하려면 반드시 저작권자와 휴먼어린이 출판사의 동의를 받아야 합니다.
- **사용연령 6세 이상** 종이에 베이거나 긁히지 않도록 조심하세요. 책 모서리가 날카로우니 던지거나 떨어뜨리지 마세요.